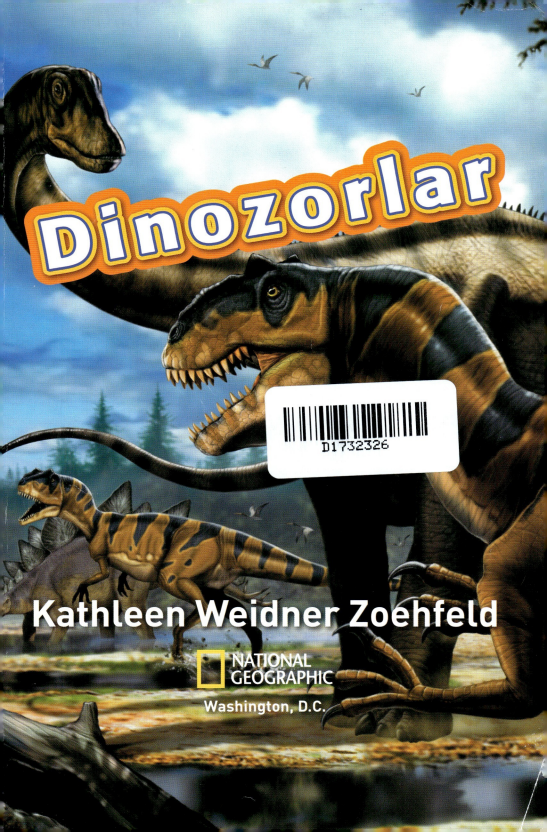

Dinozorlar

Kathleen Weidner Zoehfeld

NATIONAL GEOGRAPHIC

Washington, D.C.

Whitley'e

Kitabın özgün adı: *National Geographic Readers: Dinosaurs*
9. baskı: Mart 2019
ISBN: 978-605-333-349-4
Çeviren: Burçin Yılmaz
Editör: Şebnem Özdemirci
Son okuma: Sima Özkan
Tasarım uygulama: Özge Açıkel, Atiye Yaprak

Beta Basım Yayım Dağıtım A.Ş
Sertifika no: 16136
Narlıbahçe Sokak No: 11
Cağaloğlu-İstanbul
Tel: (0212) 511 54 32 Faks: (0212) 513 87 05
www.betayayincilik.com

Yayın hakları ve izinler ile ilgili her türlü soru için: bilgi@betayayincilik.com

Baskı ve cilt: İnkılâp Kitabevi Yayın San. Tic. A.Ş.
Sertifika no: 10614
Çobançeşme Mah. Sanayi Cad. Altay Sok. No: 8 Yenibosna-İstanbul
Tel: (0212) 496 11 81

Tüm görseller aksi belirtilmedikçe Franco Tempesta'ya aittir:
5, 32 (alt, sol): © Will Can Overbeek/ NationalGeographicStock.com; 6-9, 23, 32 (alt, sağ): © Louie Psihoyos/ Corbis; 11 (üst, sol): © Brooks Walker/ NationalGeographicStock.com; 11 (üst, sağ): © Xu Xing; 18: © James Leynse/ Corbis; 20: © Francois Gohier/ Photo Researchers, Inc.; 26-27: © Karel Havlicek/ NationalGeographicStock.com; 28: © Joel Sartore/ NationalGeographicStock.com; 29: © National Geographic/ NationalGeographicStock.com; 31: © Paul Bricknell/Dorling Kindersley/ Getty Images; 32 (üst, sağ): © Lynn Johnson/ NationalGeographicStock.com

İçindekiler

Büyük Korkunç Kemikler!

Siz hiç kocaman dinozor kemiklerinin bulunduğu bir müzeye gittiniz mi? Eğer bu kemikler canlansaydı çok korkunç olurdu.

Endişelenmenize gerek yok! Bütün bu büyük, korkutucu dinozorlar çok uzun yıllar önce yok oldular.

Dinozor kemikleri hep müzede değildi. Peki bu kemikler nereden geldiler?

MÜZE: Sanat ve bilim eserlerinin sergilendiği yer.

Dinozor Kazısı

Dinozor kemikleri, uzun yıllar boyunca kayaların içinde güvenli bir şekilde gömülüydü.

Fosil olan bu kemikler Paleontologlar (pa-le-on-to-log-lar) tarafından bulunmuş ve yeryüzüne çıkarılmıştır.

FOSİL: Bir kayanın içinde korunmuş canlı kalıntısı.

PALEONTOLOG: Fosilleri bulan ve onlar üzerinde çalışan bilim insanı.

Paleontologlar, buldukları kemikleri temizleyip birleştirmişler ve bu kemiklerin müzelerde sergilenmesini sağlamışlardır.

Birleştirilen kemikler, dinozorun iskeletinin nasıl olduğunu ortaya çıkarmıştır. Peki dinozorların dış görünümü acaba nasıldı?

Dinozor Derisi

Bazen dinozorların derisi çamurda iz bırakırdı. Çamur sertleştiğinde izler korunmuş olurdu.

Bu izler bize, bazı dinozorların sürüngenler gibi pullarla kaplı olduğunu göstermiştir.

Triceratops
(tri-se-ra-tops)

deri fosili

tüy fosili

İzler sayesinde bazı dinozorların da kuşlar gibi tüyleri olduğunu anlıyoruz.

Buitreraptor
(Bi-ti-ri-rap-tor)

Süper Star Dinozorlar

Tyrannosaurus Reks
(tay-ra-no-zo-rus Reks)
Yeryüzünde yaşamış en büyük
et yiyicilerden biriydi.

Diplodocus
(dip-lo-do-kus) Bulunan en uzun
dinozorlardan biriydi.

Pakisefalosorus
(pa-ki-se-fa-lo-zo-rus) Kalın,
kubbeli bir kafası vardı ve iki
ayağının üstünde yürürdü.

Triceratops
(tri-se-ra-tops) Üç büyük boynuzlu kocaman bir kafası ve yakalı geniş bir boynu vardı.

Ankylosaurus
(an-ki-lo-zo-rus) Zırhlı bir dinozordu. Kuyruğunun ucunda kemikten sert bir topuz vardı.

Stegosaurus
(ste-ga-zo-rus) Sırtından kuyruğuna doğru giden çift sıra plakaları ve ayrıca kuyruğunda da dört ölümcül çivisi vardı.

En Küçük Dinozor

Dinozor fosillerinin sergilendiği bir müzeye giderseniz, mutlaka küçük dinozor fosillerine dikkat edin!

Bu dinozorların bazıları elinizde tutabileceğiniz kadar küçüktü ve tüyleri vardı.

Mikroraptor

Siz

Mikroraptor

(mik-ro-rap-tor)

15

En Büyük Dinozor

En büyük dinozorlar, uzun boyunlu sauropodalar. *Argentinosaurus* gibi sauropodalar, bugüne kadar yaşamış en büyük kara hayvanlarıydı.

Argentinosaurus

Siz

Argentinosaurus
(ar-jan-ti-no-zo-rus)

Parmak Ucunda Yürümek

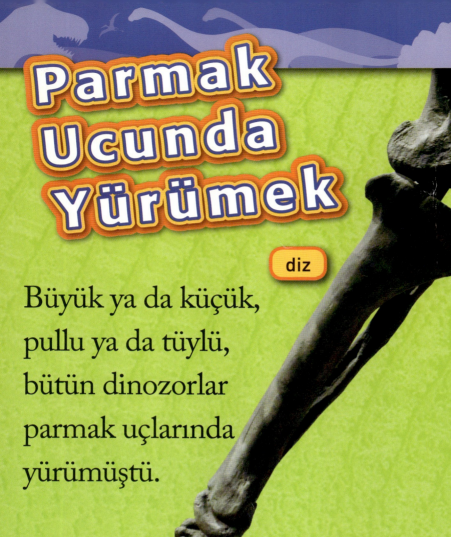

diz

bilek

parmaklar

Büyük ya da küçük, pullu ya da tüylü, bütün dinozorlar parmak uçlarında yürümüştü.

Tüm dinozorların eğri ve "S" şekline benzeyen boyunları vardı.

boyun

Edmontosaurus
(ed-mon-to-zo-rus)

19

Dinozorlar Ne Yerlerdi?

Bir dinozorun dişleri bize ne yediğini gösterir. *Brachiosaurus* ve *Diplodocus* otoburdu. Keskiye benzer, düzinelerce dişleri vardı. Dişleri sert dalları kırmaya yarardı.

Diplodocus fosili

Brachiosaurus
(bra-ki-yo-zo-rus)

Deinonychus
(day-no-ni-kus)

Diğer dinozorlar etoburdu. Çevrelerindeki hayvanlarla beslenirlerdi.

Deinonychus'un et bıçağı kadar keskin, mükemmel dişleri vardı.

etobur
Tyrannosaurus
Reks'in dişi

Dinozor Anneler ve Yavruları

Tüm dinozorlar, hatta en korkunç etoburlar bile yumurtlardı.

Oviraptor gibi bazıları, yuvalarını korur ve yumurtalarını sıcak tutarlardı. Yavrular yumurtadan çıktığında, kendi başlarına yaşayabilecek hale gelinceye kadar aileleri onlara bakardı.

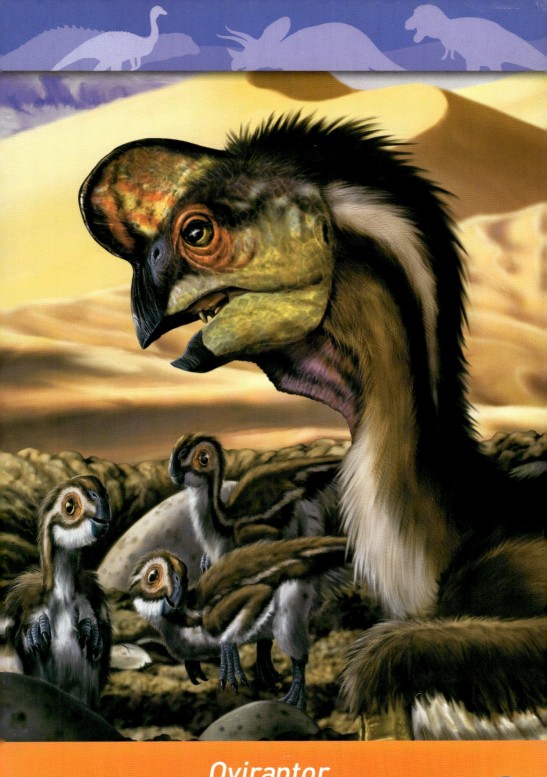

Oviraptor
(o-vi-rap-tor)

Bu Bir Dinozor mu?

Büyük fosillerin tamamı, dinozor fosili değildir.

Bu bir dinozor mu?

Kürklü Mamut

Hayır! Kürklü mamut da kocamandı ama bu hayvan dinozorlar gibi yumurtlamazdı. Dinozorların kürkleri yoktu ancak mamutların kürkleri vardı.

Kürklü mamutlar, dinozorların soyu tükendikten sonra da yaşadılar.

SOYU TÜKENMEK:
Bir canlı türündeki tüm hayvanların ölmesi ve yeryüzünden silinmesi.

Bu bir dinozor mu?

Tavuk
yaşayan bir dinozor

Parmakları üzerinde yürür. Eğri bir boynu, *Anchiornis* gibi tüyleri vardır ve yumurtlar.

Evet! Tavuk bir dinozordur. Tüm kuşlar, yaşayan dinozorlardır.

Anchiornis
(an-çi-yor-nis)
Soyu tükenen dinozor

29

Evcil Dinozorunuz

Evinizde bir dinozor yaşadığını hayal edin!
Dinozorlar bugün yaşasaydı, belki de birçok insan onları evcilleştirmeye çalışacaktı.

Bir *Tirannosorus Reks* ile oynamanın ne kadar eğlenceli olacağını bir düşünsenize! Tabii akşam yemeği zamanı yanından uzaklaşmanız şartıyla!

Bir dinozorunuzun olmasını istiyorsanız, küçük olanlarını seçin. Küçük bir dinozor, yani bir kuş, iyi bir ev hayvanı olur!

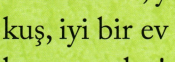
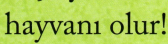

Sözlük

SOYU TÜKENMEK: Bir canlı türündeki tüm hayvanların ölmesi ve yeryüzünden silinmesi.

FOSİL: Bir kayanın içinde korunmuş canlı kalıntısı.

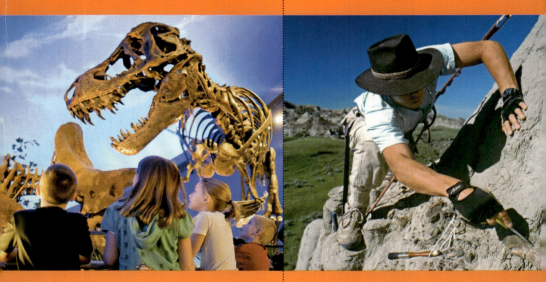

MÜZE: Sanat ve bilim eserlerinin sergilendiği yer.

PALEONTOLOG: Fosilleri bulan ve onlar üzerinde çalışan bilim insanı.